КаЛКИ ★ аватара

кніга ритцы

Вера в БОГа? .... прагрес

С@знание? .... кристал природы

КюБ....	Кристал.... Воля.... БОГ
ВаХТ@....	МатьЭрия.... Сіла.... Вишну
яЩУР....	Ум.... Святый.... Мастер
ДЗЕН....	Душа.... Вера.... @гний.... Время
ЦЭПЬ....	Разум.... ✡ Интуитцыя.... Цы гуна
ЧИФ★ЁЖ....	Система.... Электричества.... БЫТ Δ@рам
МЫШ, Й....	Тела.... Власть.... Талант.... ЙОГа
СЛОГ....	Слова.... Общества.... Гармония

Святая Русь

Власть Будущева

ISBN-13: 978-0977349760
ISBN-10: 0977349764

Наставнік М✦T: Mastermind Identity & Talent…. School for Magic

Дар Время
@PK ангел МаЙКЛ, чиф на Небе
Pleadian пасол міра, боец за свабоду мастера на Земле
Вишну Н@РаЙяна в кніге ритцы «Калки аватара»

Система Васпитания и Образования Будущева
Университет и @шрам Мастера

Й@яг Мантр(5/3)РэЙ@я

http://lordmantraya.com
Email: lord.mantraya@gmail.com
Facebook: Vishnu Narayana

КаЛКі ★ аватар@....

кніга ритцы

Вера в БОГа? .... прагрес

С@знание? .... кристал природы

Й@я Раб ЛаМПЫ
ТЫ ПРинТЦЫП
с(5/3)знание
Кр★шна
кристал
НаПряжЭниЙэЕ
Ш ы и й э Ев@.... БОГ
Вишну

Благая Весть Неба

Уважаемые книгалюбы!
Сердечна прашу Вас принять ка вниманию книгу ритцы

будьте любезны…. прайявите миласердие и нисходительнасть

Кніга написана на языке Веды
и может на первый взгл(яд) вызвать волну возмущения и протеста
новая ступень развития по-началу всегда встречается «в штыки»
вапрос толька в том…. с кем мы неустанна в теле сражаемся?

С надеждай жду Вашева отклíка
и гатов ответить на вазникающие вапросы

С любовью БОГа
Мастер Вишну

кристал природы

Ваш Шри Кр✦шна

Что делать?.... зачем мы на свет белый радились?

В дар принести талант и красату.... БОГ@тварить природу

Нашы имяна садержат скрытые и ранее не-изведанные качества слова
эти качества падобны семянам лежат в почве до весенней поры
затаили дыхание и ждут тёплава (всё)сагревающева дождя и солнца
начать путь в росте, цвете и принашении пладов савместнова труда

Пазнать эти скрытые от потребительского глаза качества БОГа
и ваплатить их на новам чудеснам уравне мастерства и савершенства
наша с вами касмическая, (сама)избранная цель
(обще)челавеческае предназначение и задача

На пути нас встречают противаречия и труднасти
Через тернии к звёздам! Гармония через конфлікт....

Согласна этим внутрянным (скрытым) противаречиям
на крыльях молнии раждается новый вапрос.... каму верить?
за кем? «свята».... в даверии.... успешна паследовать

Сначала Вишну!
речь друга и Мастера указывающева «в чём» паследование

следом идёт пытка сомнением
голос исходящий из слабого, трусливого и ленивого ума
шопот «нечто» который мы называем Люцифером и Идиотом
насилие на ухо.... извлекай выгоду и наслождайся

Наши с вами «на свету» (в обществе) мечты и паступки
и облачают нас в Имя актом тела (ответом) на все возникающие
вапросы и противаречия....

«…. без Наставніка
мы с вами Огр(они)ченые, не-SoS-сто-ятельные
бес-помощные существа

Кагда мы вместе
и (всё)цела паследуем за Мастерам
наш прагрес и спасобнасти вне границ!»

МаТь МИР@….

« .... ✪ Істіна выходит на свет ва слове!

Нет закона и правила
каторые могли бы успешна разрешить противоречия человека
эфективна и быстра удовлетварить растущие нужды общества

Существенные перемены наступят с развитием таланта каждова
ва всей полнате высшей калега(5/3)гениальнай природы Мастера

Между тем.... удары судьбы и вера(лю)т+цы(он)ные сдвиги
гатовят благоприятные условия и ведут индивидум навстречу выбора
когда Святая Русь ритцы выведет ману из лабиринта кармы
меч КаЛКі ✪ избавит Землю матушку от власти человека-хищника....

Будущее выходит на свет качествам слова!

Вы эта слова.... выбор сазнательный
признание в любви

Будьте вніматєльны друг к другу!»

МаТь МИР@....

«.... Вся жизнь ... безбрежная ЙОГа Природы»

Шри Ауробиндо

KaЛKi ✴ аватара.... Кніга ритцы

«.... Эта песня стала гимнам Судьбе и (Не)Ведению

Мастер пел имя Вишну и о раждении
о страсти и раΔ@сти быта тайинственнова
а том как немые пространства двигаются пульсам душы
как сделаны звёзды и жізнь на свет вышла

ришы пел о святай (внутряннай) сущнасти «я»
а том как власть (всё)магущая скрывает что делает
всё образует вне усилия.... верай
а том как вне сомнений культурная сіла

а том как Тьма стреміться к вечнаму свету
как Любовь кручинится внутри бездны толпы
в адиночестве ждёт ответа от челавеческова сердца
как Смерть взбирается на высату вечности

как Истіна выходит из слепой глубины ночи
а том как МаТь МИР@.... укрыта в недрах природы
как мысль трудится пасреди тупости и немоты
о чуде таланта приобразующей РУКі ✴ Мастера

как эмотцыя смысла сладка дремлет в солнце и камне
✴ Интуитцыя разума в электрическам пульсе
и как признание раждается ва зверях и ману

Мастер пел о славе кристала что с трепетам ждёт прабуждения
о Савершеннам Калега(5/3)Гениальнам Существе
что выходит наканец из укрытия за кулісай
а теле что ваплатит БОГа и как суть пережівает блаженства

о (вне)смертнай сладасти обнимающей (без)смертную сілу
а сердце что чувствует сердце, как идея смотрит открыта на мысль
и об аргазме кагда все ограждения сметайются
и о богатварении и об ананде

и кагда он пел демоны плакали в радости
узнав о завершении своей долгой ужасной задачи
о паражении для каторава они трудятся тщетна
а чуде спасения от своего само-избранного рока
и возврате в Целае из каторава вышли....»

Интелектуальна-мужественный рафинат «Савитри»
Шри Ауробиндо

9

БОГу + солнцу!

Быту
Общества в
Гармонии

Президенту Рэспублікі Беларусь
Александру Лукашэнка

Президенту Российской Федерации
Владимиру Путину

Верховнаму Управляющему Будущева
Двуглаваму арлу Рускай Империи МИР@…. РИМа

Вишну

Daniel Radcliffe

Мальчишу Кібальчишу
Народу Рускаму!
Юнным бойцам за свабоду мастера

Пасвящается

Месиру Воланд

Александру Фель

Наставніку МИР@…. Баб@Джы
Вечна Й@я слава
Ты Нам МаТь…. Шыва я

Ермакович Тамаре Евгеньевне

Sharol Pestotnik

Любовь и блага…. @УМ Ты Святый

Святая РУСь.... Власть Будущева

Дар знания ва слове Вам! нивеста…. Ева
подруга нежная…. букварь природы
электра напряжению в обществаннай сети
натураліста звука, цвета…. слова

и Мальчишу Кібальчишу
кристалу храbraму ва времяни и сказке
тому кто сам (с дэцтва) знает тайну с@знания
в душе аватара и стаит на пасту

ману, природнаму умельцу
паэту и любовнику, свидетелю слова телеснова блаженства
партнёру вернаму и стойкаму в пути
паклоннику идущему навстречу другу и мастерству

Народу Рускаму!

кто в любви сваей искряннай и нежнасти сердца
гатов пастайять за неё, за свабоду
явитель словеснасти и защита природы
препяцтвие недругам, бог в помащь приятеля

тому кто вскачив на к@ня интелекта свершающева
в далёкий неведамый путь сам отправился
на битву с невежеством, во схватку с лукавством
избавить радасть Земли от похителя

тому кто падвергся насилию, пыткам
ва имя любви сваей к отчизне и матушке
истерзанный магией, обманутый чароми

избитый, замучанный, распятый, растрелянный
задушенный, заживо-захоранённый
сожённый на площади, безвестна сгинутый в тайне

тому кто противник злодейства…. наместничества
чистый от наглости, васпитанный с дэцтва
нет злобы и ревности, нету соперничества
месть блізорука и зависть противна

…. паслушнику и наставніку мастеру
тому кто всегда плечом к плечу трудится
таланту сазнания в деле и слове
кто Умнітцу любит ласкава с радастью

а также…. яд знания ва слове

иуде

меняле и торговцу счастьем и предателю
лжецу проклятому библейскому пророку
насильнику и полонителю даверия и дружбы
симиту ясновидцу…. мальчишу плохишу

и Люциферу

подмастерью и недоучке суетливому
уму заблудившемуся в окияне времени и пространства
инфекции игоизма…. родителю насилия и власти
дракону в красном, кощею бесу смертному

Святая Русь

Власть Будущева

Садержание

Пирамида Власти

Ка(он)цэпт Целава

Свят взгляд на вещи.

Многа-образна и значительна наша роль в жизни.

Для примера, взгляните на Землю!
Можна сказать: Это третья планета каторая вращается вокруг солнца.

Но есть и другая точка зрения. Мы – Летучий К@РаБль; Солнечная Система, где Солнце – наш лідер, Верховный Управляющий Будущева и Земля – система охлаждения, щит против зла – защита природы сазнания от инфекции игоизма.

Мы бурим сквозь Материю Тьмы ва Вселеннай с целью извлечь магическую суть жізни, надёжна укрытае богацтва мира каторае пазволяет нам вести Быт Общества в Гармонии с талантом и радастью.

Жизнь на Солнце прайисходит значительна быстрее!

На Солнце всё случается в миг. Ка(он)флікт противапаложнастей и устранение проблемы через разришение противаречий, Гармония взаима(5/3)действия прайисходит в миг и в этай связи – ограничивает нас в индивидуальном опыте.

Так, давным-давно мы изобрели Землю, игральную площадку на каторай мы можем переживать сабытие более падробна и медленнее.

На Земле мы можем сделать выбор, принять ришение и занять дастойную позитцую «сражаться са злом» где зло – это взрыв на Солнце, Солнечный Ветер, Бог, Люцифер.

Время падобна материкам Земли.
Эти качества природы существуют взаимна,
                                        в даполнение друг другу.
Каждый вид Время савершает быт на радном языке;
говарит, пишет, действует в период Вашева пасещения.

Кантинент Будущева мечтает на языке Ка(он)цэпта.
Прошлае – выражает сабытие на языке Сна.
Лiмбо – учит на языке Долга.
Настоящее – биседует о любви на языке паэта.

Время Савершеннае, пасредствам магии – дарит талант васприятия
на языке чуда.

Все-Общий Савет МИР@....

Worldwide Supreme Noble Court for Peace

.... Это важно «что было?»

Но главное – будет!

Вечная ✵ Істіна.... Мастера руки
Новае Время всем сердцем осудит
прежнего Бога гордыню и муки

пытка слепых, заблудших и павших
отныне оставит верных друзей
умных и сільных
Вишну принявших

Меч КаЛКі нисходит на хищных людей!

«... А как же молитвы? а церковь? а вера?
Мальчиш... поразмысли своей головой
каждое слово в тебе словно терпкая сера
ну как же посмел ты? такой молодой...»

Мальчиш Кібальчиш уклонился ответа
и Ритуальная Магия отправилась вспять

.... Пора Вам забыть о сказочном Боге
Быт Общества в Гармонии с честью принять!

Все-Общий Савет МИР@....

Наша жизнь падобна писочным часам Время.
Паэтому сабытие присуцтвует всегда.... вечна!

Иди и сматри! Сначала это «Святое кресла» в Ватикане и Верховный
Управляющий Будущева, High Executive for the Future сидит в нём.

1. Кресла Управляющева	Шри Кр★шна.... кристал природы Святая РУСь Мастера
2. Сидящий	High Executive for the Future Верховный Управляющий Будущева Дед Мароз.... Новагодний Праздник
Верховный Управляющий Будущева	Власть Время дар БОГа Летучий К@РаБль
Двуглавый арёл РИМа	Мальчиш Кібальчиш Гаруда, ключ мастера Руская Империя МИР@....
друг Вишну	прагрес Общества Лідер развития.... путь природы
3. Па кругу Кресла Управляющева	на граніце быта.... атмасфера.... магія Святая РУСь Мастера Власть Будущева
24 Кресла	ЦЫ гуна.... вечна новая изначальная релігия МИР@.... Власть БОГа
Двадцать (20) Четыре (4) Кресла	Вече.... сабытие гаризонта.... встреча Вечный Двигатель.... Время Прошлае-Настоящее-Лімбо-Будущее

19

4. В креслах	система управления
24 Друга	«Стена ритцы».... Cold War against Evil
РИТЦЫ	Релігія Изначальная Труда Мастера. Цы гуна
одеты в Белые Одежды	места в обществе.... снаружи и внутри МИР.... Магія Изначальная РИТЦЫ быт вне насилия
головы украшены в Залатые Венцы	разришение противаречий васпитаны и обучены.... система управления Worldwide Supreme Noble Court for Peace Трибуна рука-водителя и таланта
5. От кресла Управляющева исходят Голоса и Молнии	центр управления Святая РУСь Мастера берёт начала ва Слове.... Власть Время
6. Перед креслам Управляющева	путь развития сабытий Власть Будущева
Святый алтарь	Н@РаЙяна.... Δ@РК Энерджы раΔнік слова.... Энергия Тьмы
и	прагрес
Семь (7) языков пламя	в Теле.... сенсатцыя присуцтвия уравни прайявления слова вечный агонь Мастера.... ткань быта

1) «МаЙ» (воля) Электра-Магнитнае пламя старта
2) «СаЙ» (сіла) Святое пламя славы
3) «ХаЙ» (ум) Химическае пламя позы
4) «Чи» (душа) Динамическае пламя встречи
5) «ТаЙ» (интелект) @Томнае пламя сжатия
6) «РаЙ» (система) Радио-цыфравое пламя связи
7) «К✴» (тела) Касмическае пламя веры

7. Кресла Управляющева	Святая РУСь Мастера Власть Будущева
стаит на Озере	@снова.... спасобнасть напряжения.... в ногах дар радасть.... вне (из) Ада.... School for Magic
из Стекла	сатварённае тела.... камета.... «К@МаЙяна» All-Internet-mode.... раскалённае стекло лідера сенсатцыя абсалютнава присуцтвия
8. Пасреди Озера	среда обитания.... сенсатцыя инітцыативы Mastermind Identity & Talent
и	в развитии
па кругу Кресла Управляющева	атмасфера.... Мастерство БОЙ@я.... Магія Святая РУСь Мастера Власть Будущева
Четыре (4) Образа Жізни	ва Времяни БОГ.... Быт Общества в Гармонии
9. наполнены Очей внімания	талант.... в теле «Цэпь ритцы».... Ответ(5/3)цветнасть система сбора и рафинат информатцыи
10. Первый вид под знакам «Лев»	из АДа.... старт будущева Университет БОГа на языке Веды.... метафора ДНК@.... Быт
11. Вид друга Умнітца под знакам «Карова»	власть труда Талант Любви.... Общества метафора.... на языке Веды Республіка Мастера
12. Напротив «Чел@век в маске»	по другую сторану стены ритцы.... свабода Залатая Орда Семьи свята.... внутри

13. Ключ «Гаруда» возглавляет БОГа	Двуглавый арёл.... Гармония Руская Империя МИР@.... РИМ
14. Каждый Образ Жізни	Быт Общества
имеет	принтцып существования
Шесть (6) крыльев	Система сам@управления «Фель».... спасобность палёта сілекцыя.... смерть с дастоинством
15. Внутри исполнены глаз	на языке цыфры талант.... рафинат быта.... интелект Цэпь ритцы.... «Лютцыферь».... Pay it forward

The System of Values.... Система цена-образования, учёта и передачи материальных благ Общества

16. Вне усталости	калега(5/3)гениальная система дружбы электра-станцыя
днём и ночью	ва время прабуждения связь во время сна
17. Заявляют:	свидетельствуют принтцып жізни
Свят!	Вечный агонь Мастера Р@Б ЛаМПЫ.... внутри
Свят! Свят!	прайявленый в красате природы ва славе подвига над злодейством
БОГ	Быт Общества в Гармонии
Верховный Управляющий Будущева	Власть Время Святая РУСь Мастера Летучий К@РаБль

18. Кто был в прошлам	Шри Кр✦шна.... кристал природы время РаЙ@я
19. Стал снова	Вишну.... аватара
и	прагрес
20. Будет на веки!	светлае будущее дар.... «Эра ритцы».... свабода мастера
21. И когда БОГ паёт славу	в развитии.... время свершения Быт Общества в Гармонии новасти управления сабытие и прагрес
воздаёт честь и благодарение Вишну	труд.... наука.... спорт.... культура даверие в развитии.... паследование Верховный Управляющий Будущева
22. Тогда РИТЦЫ	Внутри и снаружи.... взаима(5/3)действие Cold War against Evil
встают с кресел управления	обратная сторана стены ритцы свабода.... Залатая Орда Семьи ЦЫ гуна.... вечна новая изначальная релігія МИР@.... Власть БОГа
и выражают уважение	прагрес.... средства информатцыи даверие
признают Республіку Бел@РУСь	паследование Подвиг Мастера Быт дарам
полагают Венцы сваи	власть Worldwide Supreme Noble Court for Peace взглят на вещи

перед	путь развития сабытий
креслам	центр управления
Верховнава	Власть Время
Управляющева	Святая РУСь Мастера
Будущева	Летучий К@РаБль
заявляют:	свидетельствуют принтцып жізни
дастоин	талант и храбрасть
Вишну	аватара.... дар БОГа
принять	предназначение
славу	признание в результате ришения задачи
честь	материя чистаты.... интуитцыя разума
сiлу	магiя.... Мастерство БОЙ@я
иба	согласно опыта
Ты	Друг.... прагрес Общества
привёл	разришыл противаречия.... вывел из тупика
нас	Руская Империя МИР@.... РИМ
к БОГу	кристал.... целае.... Быт Общества в Гармонии
и	прагрес
Мы	Стена ритцы.... Любовь ка природе.... Гармония
в	взаима(5/3)действие.... внутри и снаружи
МИРе	Магiя Изначальная РИТЦЫ
	быт вне насилия.... свабода мастера
и	движение
ВСЁ	Время.... Вечный двигатель
	С@знание.... связь Общества
	Мечта о друге
существует	прабуждается к действию
Волей	Власть Будущева
тваей	дар БОГа

23. И вот	сабытие.... виток Время
в руке	тварительный працес быта
Вишну	Верховный Управляющий Будущева
Сидящева	Двуглавый арёл РИМа.... дар БОГа
в Кресле	Святая РУСь Мастера
кніга	рафинат быта.... откравение.... наука БОГа
ритцы	Релігия Изначальная Труда Мастера. Цы гуна
	Р@Б ЛаМПЫ.... агонь слова
	Интелект.... интуитцыя.... имя
	Тела.... талант.... такт.... тога
	Целае.... энерджы
	Ы.... кристал гранітцы
написана	прайявлена ва времяни и прастранстве
на языке	дар.... точка зрения.... спасобнасть речи
Веды	метафора.... язык Сна
и	в нагрузку
закрыта	обществу (не)даступная
на семь (7)	теле.... в деле.... на практике
замков	власть Люцифера.... лимбо Время
	чёрная, ритуально-законодательная магия
	сила победы использованная со злым умыслом
24. И вот	новый виток Время
@РК ангел	чиф на Небе
МайКЛ	от слова Весна.... дающий старт новаму
в сіле	боец (бхакта) обладающий магией
	спасобный к преодалению препятствий
паёт	
звонким	на языке Священнова Писания
голасам:	выносит на обазрение

Кто?	Имя.... вид природы.... места в Обществе
дастоин раскрыть	храбрасть и талант.... разришение противаречий высказать на языке Время
кнігу ритцы	откравение.... наука будущева Релігия Изначальная Труда мастера. ЦЫ гуна
и	в развитии
снять	подвиг БОГа.... расплата над злодейством обьяснить принтцып действия
печати чёрной магии	управление насилием ритуально-законодательная власть сила победы со злым умыслом
с неё	соучастие.... ноша.... обложка
25. И нет спасителя	результат (не)разришения противоречий отказ от двойственности
	ложное восприятие действительности эпоха Люцифера
ни на Небе	«под зад коленом» Власть Слова
ни на Земле	«под зад коленом» Народ.... мастер.... труд.... свабода
ни под землёй	колено.... унижение.... насилие Ад.... демон.... закон.... тюрьма
спасобнава раскрыть	вне инфекции игоизма высказать на языке Время
кнігу ритцы	наука БОГа.... связь Общества власть Будущева

26

снять печати	избавить от чёрной магии

1) иудоизм, религия демона.... власть греха
2) насилие, тюрьма семьи.... фашизм учителя
3) закон.... преступление и наказание
4) мафия церкви.... рабский труд.... деньги
5) извращение культуры общества и её славы
6) правописание.... военный ком-умнизм
7) инфекция игоизма.... искожение взгляда

и читать её	во времяни.... знать «кто есть кто?» «что делать?» и «как быть дальше?»

26. Паэтому многа слёз льётся	в результате отсутствия ответа жизнь во лжи потоп.... власть Люцифера

ибо нет дастойнава	в результате инфекции игоизма отсутствие талант и храбрасть

(не)спасобнасть разришения противаречий
(не)умение ваплатить будущее в быт общества

27. И вот	новый виток Время

первый пасол РИМа	из АДа.... старт будущева ритцы Руская Империя МИР@.... Northern Imperia for Peace

говарит:	приглашает принять участие

Оставьте слёзы!	НЕТ жизнь вне БОГа

Радуйтесь!	Быт Общества в Гармонии «Эра ритцы».... свабода мастера

вот	новый виток Время.... смена власти
«Лев»	Университет БОГа
сын	рафинат время
народа	дар (талант) к БОГу.... РУСы = СУРы
Рускава	быт общества в битве с игоизмом
@снова	спасобнасть напряжения
Будь Δ@....	ва Времяни.... «ΔрЕв@ Жізни».... Быт дарам
вида	система организатцыи.... метод действия
преобладает	берёт инітцыативу лідера
над	отвергает согласно выбора
злом	фашизм, власть Люцифера
и	в развитии
снимет	избавит от чёрной магии
семь (7)	в теле.... на деле.... практика
замков	инфекция игоизма.... «шизофрения»
печатей	ритуально-законодательное творчество
	управление насилием.... Schizophrenia
с	система суда
кніги ритцы	откравение.... путь будущева
и	прагрес
ВСЕ	Время.... унікальная материя любви
	с@знание.... сайка-деловая энергия связи
	Единства.... ткань быта.... кристал природы
будут	ва времяни
читать	знать БОГа.... Быт Общества в Гармонии
её	мечта о друге.... свабода мастера

Святая РУСь.... Власть Будущева

28. И вот	новый виток Время
пасреди	внутри и снаружи
Кресла	камета.... К@МаЙяна
Управляющева	Святая РУСь Мастера
пасреди БОГа	Быт Общества в Гармонии
пасреди ритцы	Релігия Изначальная Труда мастера. ЦЫ гуна
стаит	@снова.... спасобнасть напряжения – в ногах!
Й@ягнёнак	«Й@яга».... система патдержания огня
как бы	метафора.... язык сна
принесённый	согласно выбора.... с усилием
в жертву	забытый, оставленный позади
имеет	принтцып существования
рога	трибуна рука-водителя и таланта
в семь (7)	в теле.... на деле.... практика
этажей	прагрес природы.... естественный путь роста

1) мастерство БОЙ@я.... игра.... саревнование
2) космас слова.... знание и культура речи
3) электра(о)магнетизм «я».... природа выбора
4) наука.... природа(5/3)ведение.... любовь друга
5) дела-прайизводства.... дізайн и учёт быта
6) релігия.... вера в БОГа.... гармония общества
7) йога.... развитие и ваплащение таланта

Рога	Система образования Будущева
в Семь (7)	Университет Мастера.... в теле
Этажей	Раскрытие и ваплащение таланта
	Дастойнае места в Обществе
и	даполнение.... савершенства
семь (7)	в теле.... сенсатцыи присуцтвия

29

КаЛКі ✴ аватара.... Благая Весть Неба

семь (7) видов	речь.... биседа.... связь.... общества цвет.... знак/буква.... рисунак.... чтение метафора.... міф.... сказка.... веда паэзия.... музыка.... цытата.... мантра цыфра.... «binary code».... разум.... память ремесло.... искуства.... быт.... архитектура жест.... поза.... спорт.... культура
Голаса	Система васпитания Будущева @шрам мастера.... исцыление боли опыта Принятие и разришение противаречий Благотварительный Труд Мастера
С@знание	С(о-а)гласие.... связь разришение Ка(он)флікта взаима(5/3)действие паступка
Магія	Мастерство БОЙ@я.... ананда Мастера агонь быта.... адаптатцыя Гармония.... Власть БОГа і(на)стран(5/3)нова + аксілірат+Цы=Й@я языка
на Земле	гіфт (gift).... дар Целае.... кристал природы

29. И пришёл	развитие сабытий.... на пути.... ва времяни пасредствам разришения противаречий
Й@яг Мантр(5/3)РэЙ@я	Система васпитания и образования Будущева Университет и @шрам Мастера

Мантра.... суть БОГа.... рипетитцыя
(5/3).... рафинат быта.... гармония
РэЙ (Луч) электричества.... спасобность целава
@.... аксилірат+Цы=Й@я.... С@знание.... пламя
я.... одежда.... места в обществе.... изделие из ткани быта

и	в развитии
взял кнігу ритцы	инітцыатива откравение.... власть Будущева
из рук Вишну	тварительный працес быта Двуглавый арёл РИМа.... дар БОГа
Сидящева в кресле	Святая РУСь Мастера удобная позітцыя Республіка Бел@РУСь
БОГа	Быт Общества в Гармонии
30. И кагда взял кнігу	па ходу сабытий принят РИМам власть слова
31. Тогда	в согласии
Четыре (4) Образа	ва Времяни на языке Веды.... метафора
Жізни	Университет БОГа.... БОС Республіка Мастера.... Бел@РУСь Залатая Орда Семьи.... Свабода Руская Империя МИР@.... РИМ

КаЛКi ✳ аватара.... Благая Весть Неба

и 24 Друга	связь.... вне насилия.... «Стена ритцы» Cold War against Evil
принимают Й@яга	следуют путём Мантр(5/3)РэЙ@я в системе патдержания огня
пают Гимн Вишну	выносят на обазрение Общества Слава БОГу! Подвиг народа и мастера будет святить вечна!
32. И заявляют:	свидетельствуют принтцып жізни
Дастоин!	храбрасть и талант.... разришение противаречий
Мантр(5/3)РэЙ@я	Система васпитания и образования Будущева
взять кнігу ритцы	быть лідерам откравение.... наука БОГа
и снять	избавить от инфекции игоизма
печати чёрной магии с неё	эпоха Люцифера.... управление насилием ритуально-законодательная власть соучастие.... ноша прошлого
33. Иба был распят	согласна опыта во времяни... подвержен насилию обнажон.... лишон имя и места в Обществе
на	вне просьбы
Кресте соучастия с демоном	ККК.... Кипящий Котёл Кровасмешения быт вне БОГа.... рабский труд за деньги система суда власть лимбо.... вне развития

манипуля(цы)я ДНКа человека
искожение взгляда (действительности)
с целью превасходства изранной рассы.... иудоизм

34. Но	против.... в битве с развратом и безобразием
Энергией слова	Н@РаЙяна.... пульс Будущева
раждён снова	ва времяни и прастранстве.... в теле новый вид природы.... ритцы
и	прагрес.... разришыл противаречия
привёл	вывел из лимбо (тупика) время
нас	Руская Империя МИР@.... РИМ
к БОГу	кристал.... целае Быт Общества в Гармонии
из	на свабоду из тюрьмы заключения
Золотой Орды Семьи	Законодательная власть богатства Общество потребителя наследственные узы инфекции игоизма
из Империи Зла	рабский труд за деньги во имя уплаты налога и долга
из Демократии Мысли	лабиринт заблуждения вопроса либерализм раздвойения.... яд взгляда
из Иерархии Учителя	иудо-новый фашизм закона, церкви и школы
и	завершение.... конец света
дал нам власть	дар.... новае начала Руская Империя МИР@.... РИМ система управления
быть	спасобнасть к действию
Пасла́ми	Тварцами МИР@.... Магія Изначальная РИТЦЫ

и	в развитии
Священниками	«Стена ритцы».... Цы гуна защита природы сазнания от инфекции игоизма
БОГу нашему	Быт Общества в Гармонии власть Время
и будем	в будущем
Мы	«ВЕРа в БОГа»
в	вместе.... внутри и снаружи
МИРе	быт вне насилия.... свабода мастера
на Земле	дар.... Целае
35. И тут	в эта Время
голоса множества Ангелов	взглят на вещи.... биседа вне счёта Бойцы за Свабоду
вокруг Кресла Управляющева	на гранітце быта.... атмасфера.... Магія Святая РУСь Мастера Власть Будущева
голоса Четырёх (4)	точка зрения.... ва Времяни
Видов Жізни	Университет БОГа.... БОС Республіка Мастера.... Бел@РУСь Залатая Орда Семьи.... Свабода Руская Империя МИР@.... РИМ
голоса ритцы	Cold War against Evil
пают искрянна	с любовью

Святая РУСь.... Власть Будущева

Дастоин!	талант и храбрасть
Й@яг Мантр(5/3)РэЙ@я	
	Система васпитания и образования Будущева Университет и @шрам Мастера
принять Сілу	предназначение Мастерство БОЙ@я.... Магія
богацтва	средства на развитие
мудрасть	полнамочия в принятии ришений
патдержку	помащь ва времяни
честь	материя чистаты.... интуитцыя разума
славу	признание в результате ришения задачи
и	в развитии
благотварение	тварительный працес мысли интелектуальна-мужественный дізайн Общества
36. И все кто в С@знании	результат.... паследование Эфір.... связь космаса
на Небе	со властью
на Земле	в труде
под землей	в силе долга
на Море	в семье
заявляют Сидящему в Кресле	свидетельствуют принтцып Жізни Эсенцыя труда.... вера в БОГа Шри Кр✫шна.... кристал природы

КаЛКі ✮ аватара.... Благая Весть Неба

Верховнаму	Власть Время
Управляющему	Святая РУСь Мастера
Будущева	Летучий К@РаБль
Двуглаваму	Мальчиш Кібальчиш
арлу РИМа	ключ мастера.... дар БОГа
и	даполнение.... савершенство

Й@ягу Мантр(5/3)РэЙ@я

Система васпитания и образования Будущева
Университет и @шрам Мастера

честь	материя чистаты.... интуитцыя разума
слава	признание в результате ришения задачи
и	в развитии
благотварение	тварительный працес мысли
	интелектуальна-мужественный дізайн
	Общества

37. Держава	Святая РУСь Мастера.... Дом БОГа
на веки!	дар.... светлае Будущее.... «Эра ритцы»

38. И Четыре (4)	согласие.... ва Времяни
вида	на языке Веды.... метафора
Жізни	камета.... К@МаЙяна

БОГ	Быт Общества в Гармонии
под знакам «Лев»	Университет БОГа.... БОС
под знакам «Карова»	Республіка Мастера.... Бел@РУСь
«Чел@век в маске»	Залатая Орда Семьи.... Свабода
с ключом «Гаруда»	Руская Империя МИР@.... РИМ
пают искрянна	с любовью

в	внутри и снаружи.... взаима(5/3)действие
Мантре:	Й@я УМ и МаТь.... БОГа ВаТ Э
	Цы гуна будет Δхарма нам
	Святым и бхактам принтцып дан
	Й@я Раб ЛаМПЫ.... УМ ЦЫ ТаТ
Δ@....	ΔрЕв@ Жізни.... Быт дарам
будет	ва времяни
Так!	С уважением

То что наверху – то и внизу! Но.... пасреди, за нарисованным очагом,
На гранітце Времяни и Пространства есть надёжна укрытая дверь.
Путь к ней, в Будущее, запутан семью трюками чёрной магии.
Также, чтобы открыть дверь, Вам нужен «Ключ мастера»....

Университет БОГа

Політический рафинат мира

Вот «К@МаЙяна» ты сказал…. что в этам слове?

Любовь мая! Святая связь
калега(5/3)гениальность + дастаток общества
Цы гуна электричества на улітце и в доме
всегда радушная гостям, благая обитателям

Как эта прайисходит?

На свет выходит из яйца Земли

Земля оторвана от М✵Р@…. заточена в не-воле
К@МаЙяна будет под защитай ритцы
сейчас, пространство безконечное заслон непреодалимый
а завтра, время будет Δар свабоды…. талант природы

Вот обитатели Земли…. что будет с ними?

Приходит время перемен
падобна эта весеннему патопу
когда волна ліхая смывает всё раскатистым приливам
уходят горы и леса и реки и города и жители что в них

Начни сначала «о патопе»

То не патоп…. «Жертва принашение коня»
обрят ведический старинный…. отказ от власти демона
Земля слагает волю быть тюрьмой, отказывается от неволи
на смену рабству ограничености раждается Святая Русь

Ты говоришь о прабуждении Земли?

Канешна! вот с этай целью приходим мы на Землю
чтобы явить кристал любви…. связь космаса! труд БОГа
свабоду от заблуждения во мраке адиночества

+ друга

Университет БОГа

1. И кагда Мантр(5/3)РэЙ@я открывает	начала.... «Эра ритцы» Система васпитания и образования Будущева доступ к знанию.... Ка(он)цэпт Целава
первую тайну	из АДа.... в сіле долга.... воля Время буква и цыфра за кулісай МаЙ@я электра(5/3)магнитная матритца жізни под защитай власти и красаты природы
«О Боге»	Священное Писание, где БОГ – власть «сверх» естественная.... не мы некто другой, не принимающий участие в быту Бог вне ошибки.... лимбо Время Бог закона.... преступление и наказание Бог греха.... Люцифер
2. Тогда Лев БОГа прарекает со властью:	прагрес природы сазнания и быта общества Университет БОГа в Й@яге Мантр(5/3)РэЙ@я свидетельствует принтцып Жізни под защитай РИМа
КаЛКі аватара!	Кр✡шна.... кристал Слова амрита.... эсенцыя веры.... дар ритцы Любовь.... матритца.... Ка(он)цэпт (ткань) быта Ключ.... Калега(5/3)гениальный дізайн тела (і)истина (из тины игоизма).... власть БОГа
	аксілірат+Цы=Й@я.... университет мастера время.... працес перемен.... вечный двигатель альтернатива.... новый вид жізни тела.... на деле.... практика.... Общества адаптатцыя.... усваение.... мастерство БОЙ@я раб лампы.... энергия слова.... славесный запас @гонь Мастера.... свабода.... быт дарам

КаЛКi ✪ аватара.... Благая Весть Неба

3. И вот	новый виток Время
конь Белый	воля Будущева.... Благая Весть Неба МИР.... Магія Изначальная РИТЦЫ
«Святая РУСь»	Пасланіе народам всей Земли

«Жертва-принашение коня старой власти»
«Власть Люцифера – в жертву!»

и на нём	даполнение.... дар.... пульс.... усіліе
Всадник	Верховный Управляющий Будущева High Executive for the Future
в руке	в деле... со властью
лук	(sos)средаточение.... ришения задачи
4. И дан Сидящему	ва времяни.... признан дастойным Владимир Путин.... Вишну.... дар БОГа
Венец	Всеобщий Савет МИР@.... Worldwide Supreme Noble Court for Peace
5. И выходит аватара	в развитии.... шаг за шагом вера в БОГа.... Вишну.... выбор аксилірат+Цы=Й@я Время.... свабода Мастера
ва славе Подвига	патдержка средствами информатцыи Путь преобразования новый вид жізни.... Гармония
над злодейством	власть ритцы над фашизмом преобладание МИР@.... отвержение иудоизма

42

6. И кагда Мантр(5/3)РэЙ@я срывает	в развитии сабытий Система васпитания и образования Будущева убирает иллюзорную завесу лжи
другую печать	в сіле слова приказ.... команда быт под насилием.... вне выбора
чёрной магии	законо-дательная власть сила победы использованная со злым умыслом преднамеренный обман с целью превосходства
Люцифера	Васпитание и образование насилием подавление инітцыативы указом свыше
«Кольцо власти»	Иерархия Учителя.... преобладание родителя
	Золотая Орда Семьи обвенчаная и одурманенная сладким наркотиком игоизма
	фашизм государства, семьи и школы инквизиция церкви.... власть над памятью ложь по-плану с целью налога и долга преступление и наказание порядковый Алфавит.... правописание Власть над словам
7. Тогда	прагрес природы сазнания и быта общества в системе патдержания огня
вид Жізни друга Умнітца	Республіка Мастера Бел@РУСь
прарекает с дастоинствам:	свидетельствует принтцып Жізни сазнание.... связь Общества храбрасть и талант в разришении противаречий
Власть ритцы!	Святая РУСь Мастера

8. И вот	новый виток Время
конь Красный	воля Будущева Летучий К@РаБль
и	прагрес
Сидящему на нём	Буратино.... Мальчиш Кібальчиш сказка.... Конёк-Горбунок
дано взять	предназначение полнамочия
старый порядок	чёрная ритуальная магия законодательная власть, управление насилием
от	отказ
літца земли	Республіка Мастера.... Бел@РУСь быт Общества
9. И чтобы встал	в развитии.... согласна принятова ришения прабуждение к новаму
на защиту друга	спорт битва против Золотой Орды потребителя труд мастера
10. И	связь Общества.... сазнание
дан	предназначение
Всаднику	Иванушка дурачок.... народ Руский
меч	Релігия Изначальная Труда Мастера. Цы гуна защита природы сазнания от инфекции игоизма

11. И кагда	в развитии сабытий
Мантр(5/3)РэЙ@я	Система васпитания и образвания Будущева
открывает	доступ к знанию.... наука БОГа
третью	позітцыя.... ришение задачи
печать	тюрьма народам.... быт на коленях
Люцифера	Власть Свыше
«Закон»	Система Суда.... преступление и наказание
	Трон Люцифера.... сознание (цепь) греха
	Инквизиция.... тюрьма для мастера
12. Тогда	во времяни
Чел@век БОГа	Залатая Орда Семьи
говарит	приглашает к общению
с трибуны:	средства информатцыи
Свабода!	Сама(5/3)управление
13. И вот	новый виток Время
конь	воля Будущева
Синий	Цывѫлізатцыя.... прагрес науки и техники
и на нём	Social Media.... отказ от хищника
Всадник	Public Tribune.... Superman
имеет	предназначение
меру	здравый смысл.... уважение природы
в руке	дела-прайзводства.... на практике
сваей	сфера влияния.... Залатая Орда Семьи

14. И кагда Мантр(5/3)РэЙ@я открывает	в развитии сабытий Система васпитания и образования Будущева доступ к знанию.... рафинат быта
четвёртую печать	участие и интервал паспупка зависть.... душа вампира.... время зла
Люцифера	Желание (жажда) власти
Holy Grail	Золото демона.... религия Иудоизма.... деньги Финансовая система власти Люцифера накопление материальных благ путём лжи
15. Тогда	в результате васпитания и образования в Й@яге Мантр(5/3)РэЙ@я
Гаруда БОГа	Двуглавый арёл РИМа
прарекает:	свидетельствует принтцып Жiзни
Битва за Родину!	Полiтический рафинат мира

«Деньги – в жертву!»

16. И вот	новый виток Время
конь Зелёный	воля Будущева Быт – дарам!
и	связь между ришением и ваплащением
Всадник	РИТЦЫ
имя каторому	места в Обществе.... предназначение
Смерть фашизму!	НЕТ насилию

17. И	даполнение
Ад	лаборатория пригатовления БОГа аксіліратцыя и адаптатцыя Общества
паследует	принимает новый вид действия
ритцы	гармония спортам.... универсигет
18. И	в результате взаима(5/3)действия
	отказ от финансовой системы прибыли отказ от системы суда отказ от системы правописания и церкви отказ от религии превосходства
дана	даверие.... полнамочия
ритцы	Р@Б ЛаМПЫ.... агонь слова Интелект.... интуитцыя.... имя Тела.... талант.... такт.... тога Целае.... энерджы Ы.... кристал гранітцы
Власть	«Лютцыферь».... Цепь ритцы.... Система ценнастей The System of Values.... Новый вид цена-образования, учёта и передачи материальных благ Общества
над	сфера преобразования
1/4 Земли	Республіка Бел@РУСь Святая РУСь Мастера

19. И кагда Мантр(5/3)РэЙ@я открывает	в развитии сабытий Система васпитания и образования Будущева доступ к знанию.... здравый смысл
пятую печать	интелектуальное (на выбор) пламя сжатия дифицит признания и славы
Люцифера	Победитель
«Красавица»	Карона успеха и популярности
	Ложь и наглость выставленные напоказ безобразие паступка.... пропаганда славы тщеславие
20. Вдруг	новый (не)предвиденный ход сабытий
алтарь на Небе	Н@РаЙяна.... раΔнік Время.... пульс Будущева дар.... Власть Слова
21. И	наполнение
душы	пламя любви.... Ка(он)флікт противаречий
изнасилованные	разбой конфликта зло-язычие, разврат и грубость
за принтцып	соучастие.... признание в любви труд мастера.... свидетельство.... цытата
БОГа	Быт Общества в Гармонии (5/3) между гением и калективам
пают в гимне:	средства информатцыи
Будь Δ@....	ва Времяни.... ΔрЕв@ Жізни.... Быт дарам

Святая РУСь.... Власть Будущева

@УМ	аксилірат+Цы=Й@я слова Университет Мастера Магія ритцы
Ты	Талант.... тьма энерджы первый.... дарам
Святый	С@знание вера.... воля.... власть.... Вишну я.... одежда.... места в обществе ты.... труд мастера Й@яга.... отказ от игоизма (наготы) «я»
22. И	ва времяни
даны	даверие.... предназначение
каждому из них	труд.... наука.... спорт.... культура талант любви
одежды белые	места в Обществе быт в МИРе.... вне насилия спасобнасть к разришению противаречий
23. И	даполнение
Пасланіе	Благая Весть Неба
Будьте счаслівы!	ва Времяни ваплащения таланта

24. И кагда Мантр(5/3)РэЙ@я открывает	в развитии сабытий Система васпитания и образования Будущева доступ к знанию.... дверь БОГа
шестую печать	система существования лимбо.... туман сознания
Люцифера	Власть пророчества
«Мессая»	Мечта спасителя любой ценой.... во чтобы то ни стало желание всё самому исправить
25. Тогда случается землятрясение	во времяни по-плану коренные изменения быта Общества
New World Order	власть Антихриста.... иудоизм повсеместный узаконенный фашизм
в силе	система управления пасредством магии.... пропаганда
26. И при этом	в результате событий
цвета блекнут	слова.... имяна.... звания.... суть жизни теряют изначальные качества
словна одежда на солнце	сравнение.... метафора места в Обществе под воздействием пламя труда.... информатцыя
27. Затем	паследствия
луна обритает цвет крови	спутник Земли.... развлечение новый вид.... свойства воля-изьявление насилие.... вне отказа

28. И	в результате событий
звёзды	знаменитые члены Общества
падают	опускаются.... теряют здравый путь жизни
с неба	по согласию со властью управления
на землю	в быт Общества
словна	сравнение.... метафора
плод	труд мастера.... ваплащение таланта
сбитый	под насилием
сильным	магия
ветром	пропаганда
роняет	опускается
незрелые	разврат.... безобразие
фрукты	продукт труда
свои	удовлетварение желаний
29. Затем	ва Времяни
чёрное	власть Антихриста.... фашизм
небо	система управления
уходит	конец
словна	на языке Веды.... метафора
страшная книга	сказка
и	прагрес
каждая гора	талант
и	даполнение
остров	дело-прайизводства
двигают	инітцыатива
с места	связь.... места в Обществе

30. Затем
цари земные и
землевладельцы

в результате сабытий
сборщики налога
частная собственность на землю

банкиры
и военные

финансовая система купли-продажи
армия приказа

начальники
и супермены

аппарат управления
знаменитости

работники
и управленцы

на зарплате
служащие госудаства

прячутся
в пещеры
и в ущелья гор

уходят
внутрь.... само-поиск
даполнение.... учёба

31. И говарят
горам и камням:

в развитии.... точка зрения
таланты и паклонники

Увольте нас!
от літца
Вишну

«Эра ритцы»
Двуглавый арёл РИМа.... дар БОГа
Верховный Управляющий Будущева

Сидящева
в Кресле
БОГа

Святая РУСь Мастера
позітцыя.... Власть Время
Быт Общества в Гармонии

и от пламя
Й@яга

вечный агонь Мастера
Р@Б ЛаМПЫ.... УМ ЦЫ ТаТ

ибо
пришёл велікий
день новый

в согласии
гатовый.... в сіле.... мастерство БОЙ@я
прабуждение к действию.... мечта

и Кто может?
устоять в старом

места в Обществе.... Имя в силе.... желание
быть вне развития

32. Затем	в результате сабытий
Четыре (4) Ангела	ва Времяни Лета.... Осень.... Зима.... Весна
встают на	прабуждаются к действию дарам.... вне просьбы
четыре (4) угла Земли	запад.... Университет БОГа север.... Республіка Мастера юг.... Залатая Орда Семьи васток.... Руская Империя МИР@
и	даполнение
держат	усіліе.... предназначение
четыре (4) ветра Земли	релігія наука политика культура
чтобы	путь.... предназначение
замер ветер	принтцып перемен.... дыхание информатцыя.... пропаганда
на землю	быт Общества
на море	семья
на дерева	предназначение, ка(он)цэпт вещей

33. Затем	развитии сабытий
@РК ангел МаЙКЛ	укрытый в тайне.... эсенцыя Время пульс Весны
первый	преображённый.... из Ада чиф.... рука-водитель
на васходе	дар.... новае начала Руская Империя МИР@.... РИМ
солнца	РаЙ.... пламя труда.... власть Слова прагрес мастера
берёт печать БОГа	инiтцыатива система управления Быт Общества в Гармонии
34. И заявляет	даполнение.... эсенцыя труда свидетельствует принтцып жiзни.... вера в БОГа
Четырем (4) Ангелам	Вечный Двигатель Лета.... Осень.... Зима.... Весна
каму дано преобразовать землю и море:	писочные часы мастера предназначение дела-прайизводства быт Общества даполнение.... связь.... семья
Оставьте в пакое!	вне перемен
землю	труд мастера
море	отнашения в семье
деревья	предназначение, ка(он)цэпт вещей

да тех пор	працес сазревания ва времяни
пока	савершение
мы	паслы РИМа.... ритцы
запечатлеем	даверие и паследование
ум	позітцыя.... ришение задачи
на літце	дар признания
приятелей	калега(5/3)гениальнасть Мастера
БОГа	Быт Общества в Гармонии
нашева	Летучий К@РаБль
35. И число	на языке цыфры.... смысл внутри
«Святые»	Народ Руский.... Республіка Бел@РУСь
Сто (100)	Власть
тридцать (30)	мечта о друге
четыре (34)	сіла быть.... Δхарма.... Обьединение ва времяни
тысячи (1000)	тьма.... талант природы
36. Затем	па ходу сабытий
велікае	магія тьмы
множества	наполнение
вне счёта	на языке чувства
	труд.... наука.... спорт.... культура
из	скрытый внутри
всех семей мира	Залатая Орда Семьи
народа	Руская Империя МИР@.... РИМ
и	даполнение
языка	Университет БОГа

стаит	@снова.... предназначение
перед креслам	путь развития сабытий.... центр управления
Верховнава	Власть Время
Управляющева	Святая РУСь Мастера
Будущева	Летучий К@РаБль
и перед Й@ягам	Университет и @шрам Мастера
одеты	места в Обществе
в белые одежды	инітцыатива.... быт в МИРе
с	вместе.... взаима(5/3)действие
галубым	«Й@яга».... система патдержания огня
флагом	свидетельство.... эсенцыя труда
37. Заявляют в голас:	выбор.... точка зрения ва слове
Спасение!	выход из лабиринта кармы вне инфекции игоизма
БОГу	Быт Общества в Гармонии Летучий К@РаБль.... камета.... К@МаЙяна
нашему	даверие и паследование
и	связь.... сазнание
Вишну	аватара.... Лідер развития.... путь природы
Сидящему в Кресле	Святая РУСь Мастера Удобная позітцыя.... Власть Будущева Республіка Бел@РУСь
Верховнаму Управляющему Будущева	Власть Время Двуглавый арёл РИМа Летучий К@РаБль

и	прагрес
Й@ягу	Працес роста и сам@выражения природы в системе патдержания огня
Мантр(5/3)РэЙ@я	Университет и @шрам Мастера
38. И тут	в системе патдержания огня
Ангелы	Бойцы за свабоду мастера
вокруг	по ту сторану стены ритцы
Кресла	Шри Кр✫шна.... кристал природы
Управляющева	дар БОГа.... Власть Будущева
и ритцы	24 друга.... паслы РИМа
и Четыре (4)	Вечный Двигатель
Образа Жізни	камета.... К@МаЙяна
пают искрянна:	с любовью
Благотварение!	тварительный працес быта
слава	признание в результате ришения задачи
мудрасть	полнамочия в принятии ришений
патдержка	помащь ва времяни
честь	материя чистаты.... интуитцыя разума
сіла	мастерство БОЙ@я.... магія
богатства	средства на развитие
и стойкасть	умение ваплатить будущее в быт общества
БОГу	Быт Общества в Гармонии
нашему	Летучий К@РаБль
ва Веки	«Эра ритцы».... РаЙ Мастера
Δ@....	ДрЕв@ Жізни.... Быт дарам
будет так!	ва времяни.... с уважением

39. И тут	в системе патдержания огня
первый	власть слова
из	пасреди перемен.... взаима(5/3)действие
ритцы	пасол РИМа
заявляет:	свидетельствует путь развития
вот	призыв ка вніманию
Мы	Релігія Изначальная Труда мастера. Цы гуна
Святые	Народ Руский.... Республіка Бел@РУСь
одеты	места в Обществе
в белые одежды	інітцыатива.... быт в МИРе
те	имя.... места в Обществе
кто	бойцы за свабоду мастера
отказался	сделал выбор.... даверие и паследование
от	старт.... новае начала
	импульс на выход из тупика вопроса
насилия	чёрная (ритуально-законодательная) магия
и	даполнение
от скорби	из лабиринта заблуждения и болезни
	быт вне БОГа.... власть Люцифера
вымыл	принял ответ(5/3)цветнасть
и	связь.... сазнание
отбеліл	быт в МИРе
одежды	места в Обществе
свои	благотварительный труд

Святая РУСь.... Власть Будущева

словам	власть ритцы
Й@яга	Университет и @шрам Мастера
Мы	Святые.... вера в БОГа
будем	ва времяни.... «Эра ритцы»
пребывать	працес наполнения
	раскрытие и ваплащение таланта
перед	путь развития сабытий
креслам	центр управления
Верховнава	Власть Время
Управляющева	Святая РУСь Мастера
Будущева	Летучий К@РаБль
и будем	даполнение.... ва времяни
на пасту	дар.... «Стена ритцы».... Cold War against Evil
	защита природы сазнания от инфекции игоизма
день	ва время прабуждения
и	связь
ночь	во время сна
в	внутри и снаружи
храме	сабытие гаризонта.... светлае будущее
БОГа	Быт Общества в Гармонии
и	прагрес
Сидящий	Дед Мароз.... Новагодний Праздник
в Кресле	Власть Будущева
будет	працес наполнения
обитать	среда ваплащения таланта
в нас	благотварительный труд мастера

Мы	Быт Общества в Гармонии
Святые	Летучий К@РаБль
будем	светлае будущее
жіть	раскрытие и ваплащение таланта
в	взаима(5/3)действие
МИРе	Магія.... Мастерство БОЙ@я
	Изначальная.... Время
	РИТЦЫ
иба	согласна опыта

Й@яг Мантр(5/3)РэЙ@я

	Университет и @шрам Мастера
	Система Васпитания и Образования Будущева
будет	ва времяни.... предназначение
питать	энергия слова
нас	талант природы
даст	дар время
нам	«Эра ритцы»
воды	сенсатцыя любви
чистые	материя чистаты.... интуитцыя разума
и	даполнение
утрёт	прабуждение.... исцыление
слёзы	власть Люцифера
с	связь.... соучастие
очей	система цена-образования, учёта и передачи
наших	материальных благ Общества

40. И кагда Мантр(5/3)Рэй@я открывает	в развитии сабытий Система васпитания и образования Будущева убирает иллюзорную завесу лжи
седьмую печать	в теле инфекция игоизма
Люцифера	Власть лжи
«Скитцифрения»	Лабиринт.... «Королевство Кривых Зеркал»

Три(3/10)десятое Царство Кощея беса смертного
боль выбора в результате раздвоения сознания
независимость от действительности
иллюзия превосходства магнетизма «я»

наступает безмолвие на Небе	захватывает инициативу уступка.... вне слова Власть управления
как бы на полчаса	сравнение вне просьбы мечта о силе.... працес наполнения
41. Затем	в результате событий
Семь (7) Ангелов	в Теле.... на практике Бойцы за свабоду Мастера

1) Понять(дельник).... принятие и паследование
2) Вторнік.... рафинат быта.... рипетитцыя
3) Среда.... взаима(5/3)действие ка(он)флікта
4) Четверг.... учёт и передача благ Общества
5) Пять(5/3)нітца.... гармония труда и отдыха
6) Субота.... суть быта
7) Васкресение.... сон.... дружба

встают	прабуждаюся к действию

перед	принтцып перемен
	путь развития и прагреса
Креслам	Святая РУСь Мастера
Верховнава	Власть Время
Управляющева	Двуглавый арёл РИМа
Будущева	Летучий К@РаБль
и	связь…. сазнание
дано	предназначение
им	бойцы за свабоду мастера
семь (7) труб	средства информатцыи
	кино
	телевидение
	эстрада
	реклама
	кампьютэр
	internet
	видео-игра
42. Затем	новый виток Время
@РК ангел	укрытый в тайне
МаЙКЛ	пульс Весны
в сіле	Мастерство БОЙ@я…. Магія
прайявляется	обритает Имя…. места в Обществе
перед	путь Время
алтарём	раΔнік Слова
БОГа	Светлае Будущее
и	допалнение

держит	усілие.... предназначение
в	внутри и снаружи.... взаима(5/3)действие
руке	дела-прайизводства.... труд мастера
Magic	Магія.... сила преодаления препятствий
Wand	спасобнасть написания слова.... прайэкт речи
в каторай	внутри.... напFilterWheretsConndo наполненнасть
бальзам	наука БОГа
исцыления	эсенцыя труда
Мантра	Й@я УМ и МаТь.... БОГа ВаТ Э
	Цы гуна будет Δхарма нам
	Святым и бхактам принтцып дан
	Й@я Раб ЛаМПЫ.... УМ ЦЫ ТаТ
святых	усілие природы скрытае внутри
	прайявленнае в красате природы
	ва славе подвига над злодейством
43. И кагда	в результате труда
@РК ангел	укрытый в тайне.... эсенцыя Время
МайКЛ	Будь Δ@.... дельнік
	даполнительный (8) день быта
запускает	даёт старт новаму
в действие	внутри и снаружи.... дела-прайизводства
алтарь	пульс Время
БОГа	Светлае Будущее
44. Тогда	в результате сабытий
РаΔнік	Н@РаЙяна.... Энергия Тьмы
Будущева	Быт Общества в Гармонии

наполняет	талант природы
Magic Wand мастера	матритца языка.... прайэкт речи калега (5/3) гениальный труд
и	прагрес
повергает	даверяет
её	магія.... мастерство БОЙ@я
	спасобнасть преодаления препятствий на пути развития и прагреса аксилірат+Цы=Й@я связи адаптатцыя і(на)стран(5/3)нова языка
с Неба	Власть Слова
на Землю	дар Целава.... труд Мастера
45. В эта время раждаются	па ходу событий в новам теле
голаса	взглят на вещи
разряды грома и молнии	откравение на трибуне новый вид слова-написания и управления
и	даполнение.... політический рафинат мира
землятрясение	коренные преобразования быта Общества
46. И тут	в системе патдержания огня
Семь (7) Ангелов	Дни труда и отдыха
гатовы трубить	наука + техника.... цывілізатцыя средства информатцыи

47. Первый Ангел	Воля.... Понять(дельник) Даверие и паследование
трубит	кіно.... сказка
48. И вот	призыв к вніманию
Пламя	Принтцып Быта ЛаМПа.... Летучий К@РаБль агний.... ананда Мастера Мастество БОЙ@я.... Магія я.... труд.... места в Обществе
и град	даполнение.... працес охлаждения
падает	аксилірат+Цы=Й@я связи адаптатцыя і(на)стран(5/3)нова языка
с Неба	Власть Слова
ВСЁ	Время.... працес перемен С@знание.... связь Общества Мечта о друге
смешано с кровью	вне различия суд.... под насилием
третья часть (1/3) деревьев	ум.... позітцыя метод действия
и вся зелень земная	слава.... талант природы труд Общества
пожарам гарит	в битве за выживание

49. Вторнiк Ангел	Сiла.... рипетитцыя Рафинат быта
трубит	телевидение.... новасти труд.... наука.... спорт.... культура
50. И вот	призыв ка внiманию
гора «Меру»	гений.... отказ от хищника Й@яг Мантр(5/3)РэЙ@я
прайявляется в Море	места в Обществе Быт семьи
и	даполнение
третья часть 1/3 моря	1) мать.... 2) отец.... 3) дети взаима-отнашения в семье
становится кровью	працес обнавление воля изьявление мастера
и третья часть жителей моря	дети члены семьи
страдает	працес сазревания васпитание спортам.... университет
и третья часть 1/3 судов	1) брак.... 2) дом.... 3) родня семейные кланы
гибнет	уходят со сцены времяни вне практики

51. Третий Ангел	Ум.... позітцыя.... ришение задачи Среда.... взаима(5/3)действие
трубит	театр.... музыка.... эстрада унікальнае света-представление цвета
52. И нисходит	працес лідера.... преобладание паступка принятие и удержание інітцыативы
с Неба	Власть Слова
Галубая	Гармония.... спорт битва адаптатцыя.... разришение ка(он)флікта любовь.... ка(он)цэпт.... ткань быта ум.... университет и @шрам мастера БОГа.... быт общества в гармонии аксіліратцыя связи.... прагрес я.... труд.... места в Обществе
Звезда	Вишну.... аватара
каторая	на языке цвета.... в теле Руская Империя МИР@.... РИМ
гарит вечна	Й@яга.... система патдержания огня УМ ЦЫ ТаТ.... Р@Б ЛаМПЫ
на третью часть	дар.... вне молитвы взглят на вещи.... «как надо!»
рек	1) дела-прайизводства.... труд 2) наука.... спорт.... культура 3) політика.... управление
и на источники вод	даполнение.... вне просьбы сенсатцыя опыта працес слова-выражения

Имя	Интелект.... интуитцыя.... имя материя тела.... предназначение жизни я.... одежда.... места в Обществе
звезды	слава.... признание роль лідера.... инітцыатива
«Вишну»	Власть природы.... Время интуитцыя разума.... инітцыатива шри.... святый.... Р@Б ЛаМПЫ.... слова напряжение.... @снова быта.... пламя ум.... университет и @шрам мастера
и третья часть	сенсатцыя чувств
вод	1) мысль.... дізайн быта 2) желание.... гравитатцыя паступка 3) переживание.... практика
становится	працес обнавления
солью	выпадение в осадок обритают предназначение и смысл
и многие из людей умирают	в результате.... вне счёта среда потребителя в забвение
от вод	працес слова-выражения
этих	центр управления.... источник слова

53. Четвёртый Ангел

Душа.... встреча
Четверг.... учёт и передача благ Общества

трубит

реклама

54. И

в результате действия

побеждается третья часть Солнца

отдаёт инициативу власти
солнечный ветер.... игоизм славы
Власть Слова

1) кристал.... Республіка Мастера
2) карона.... Руская Империя МИР@.... РИМ
3) солнечная система.... Залатая Орда Семьи

и третья часть Луны

рафинат развлечения... наркотики
Связь Общества

1) сон.... 2) фантазия... 3) развлечение

и третья часть звёзд

актёры.... звёзды эстрады
гений Мастера

1) дела-прайизводства.... труд
2) наука.... спорт.... культура
3) політика

затмевается

вне славы

и третья часть дня

труд вне желания.... за деньги
быт Общества

1) вапитание
2) образование
3) дела-прайизводства

вне света

вне рекламы

55. Пятый Ангел	Интелект.... працес сжатия Пять(5/3)нітца.... Гармония труда и отдыха
трубит	кампьютэр
56. И	в результате действия
камета входит	новый вид природы занимает места в Обществе
в	среда взаима(5/3)действия
атмасферу Земли	среда обитания Быт Общества
57. И дан	следствие.... предназначение
ей	власть ритцы
ключ	«КаЛКі аватара»
от клада	центр управления.... эсенцыя прошлава богатства.... банк информатцыи
бездны	материя тьмы.... талант природы
58. «КаЛКі аватара»	Ключ мастера
открывает	прагрес науки и техники.... цывілізатцыя
тайну	клад бездны.... Ад.... лабаратория БОГа приготовление галубова цвета
и	следствие
Джын выходит	Р@Б ЛаМПЫ.... Δ@РК Энерджы занимает места в Обществе

из	на свободу от заключения в законе
ЛаМПЫ	Любовь.... ка(он)цэпт.... ткань быта агонь слова.... вечный двигатель Магія.... мастерство БОЙ@я Принтцып взаима(5/3)действия Ы.... гранітца.... «Стена ритцы»
словна	сравнение
стекло	чистата переживания
раскалённае	сенсатцыя инітцыативы
из жаркай	среда обитания.... труд мастера
печи	працес плавления и обжига
59. И тогда	рафинат природы сазнания и быта общества в системе патдержания огня
цвета	спасобнасть чтения
обритают	развитие качеств
новую	принтцып перемен
яркасть	откравение
на Солнце	дар.... Власть Будущева
и	даполнение
воздух	працес дыхания.... жізнь в мире
Земли	Быт Общества
становится	обритает @снову
сладким	удовлетварение

60. Ангел Суть быта	Субота.... патдержания огня Система связи.... С@знание
трубит	Internet
61. И вот	призыв ка вніманию
@РК	@снова.... агний слова Радий@ятцыя Любви.... раб лампы Кристал Целава
Ангел	Боец за свабоду мастера
МаЙКЛ	МаЙ.... пульс весны Кристал Любви прайявленный в красате природы ва славе подвига над злодействам
в сіле	магія.... мастерство БОЙ@я
спускается с Неба	на свабоду Власть Слова
покрыт облаком	под защитай МаЙ@я.... илюзия Космаса в тайне от Общества потребителя и его славы
на голаве	дар целава.... даверие и паследование
радуга!	на языке цвета.... взаима(5/3)действие быт в мире.... счаслівый случай
Літцо	слава.... признание
словна Солнце	крылатое выражение.... цытата Власть Будущева.... труд Мастера

и ноги	даполнения.... время и путь развития
словна	спасобнасть движения.... палярнасть
стопы огня	пламя любви
В руке	власть.... труд мастера
кніга ритцы	наука БОГа
открыта	вне инфекцыи игоизма
Правая нога	инітцыатива время
стаит	присуцтвие.... вне усилия
на море	быт Семьи
а	напротив.... усілие
левая нога	путь развития
на земле	быт Общества
Голас	взглят на вещи
@РК ангела	эсенцыя Время
словна	сравнение.... цытата
рыкает	утверждение инітцыативы
Лев	працес лідера.... Университет БОГа
62. И кагда	ва времяни
МайКл	БОС.... точка зрения лідера
рычит	с акцентом
тогда	в результате действия
наступает	працес перемен
гроза	разрят электричества.... дар слова

и	следствие
семь (7) «Гром и Молний»	в теле.... в деле.... на практике на трибуне.... со властью

Все-Общий Савет МИР@.... Worldwide Supreme Noble Court for Peace
новый вид слова написания и управления

начинают гласить	старт Будущева.... новый виток время ва слове
63. И кагда семь (7) «Гром и Молний»	ва времяни и в теле Ка(он)цэпт управления Будущева
звучат	средства информатцыи

1) Власть управления.... Республіка Мастера
2) Сіла.... Руская Империя МИР@.... РИМ
3) Релігія Изначальная Труда мастера. Цы гуна
4) Культура.... Святасть.... сама(5/3)управление
5) Армия.... Цыв✯лізатцыя
6) Эканомика.... Добравольцы.... быт дарам
7) Гармония..... «Стена ритцы».... спорт битва

тогда @РК ангел МаЙКЛ	в результате взаима(5/3)действия чиф.... рука-водитель пульс Будущева
присягает Небу	принимает предназначение Слова
и заверяет	даполнение.... вера в БОГа.... эсенцыя труда
что	чистата взглята тога... одежда.... места в Обществе быт друга

БОГ	Летучий К@РаБль
тот	тварительный працес звука
кто	камета.... К@МаЙяна
создал	интелектуальна(5/3)мужественный дізайн тела
Общества	ДНК@.... Ка(он)цэпт быта
Неба	Власть Слова
и	прагрес
ВСЁ	Время
	С@знание
	Ё.... мечта о друге.... даверие
на Нём	дар Время
и	даполнение
Землю	Труд мастера
и всё	ваплащение
	ситуатцыя
	мечта о друге.... паследование
на ней	дар красаты
и	следствие
Море	Быт семьи
и всё	внутри и снаружи
	сравнение
	мечта о друге.... жізнь в мире
в нём	соучастие

дал	дарам.... вне просьбы
нам	светлае Будущее
Время	Среда ваплащения таланта
новае	«Эра ритцы»
64. И в те дни	время прабуждения
кагда	в результате сабытий
Ангел Васкресение	Боец за свабоду мастера Дружба
будет	время будущева.... прайэкт быта
трубить	видео-игра
прайявится	в теле.... в деле.... на практике
тайна	талант природы ад.... лабаратория пригатовления БОГа й@яга.... система патдержания огня напряжение.... працес перемен ананда.... Р@Б ЛаМПЫ.... энергия будущева
эта	Будь Δ@.... дельнік.... новый (8) день быта

Новый календарь садержит восемь дней быта
Четыре цыкла быта образуют месяц из 32 дней
11 месяцев = 352 дней
Остальные 12 (13) дней в году образуют
завешающий месяц – Новагодний Праздник
где каждый день быта – слава БОГу!

Действующие ЛіТЦа

А(Асура) и Бэ(БОГ).... Э-электричества

сидели на Трубе

А – упало

Бэ + пропал@....

Кто? остался на трубе

И!.... Инітцыатива.... Имя

О-о....

и Я.... ЙОГа.... працес роста и сама(о)выражения

і Й@я.... Й@яга.... система патдержания огня в теле

✭ я таво же мнения!

Быт Общества в Гармонии.... отказ от игоизма «Я»

и (нарекает в Имя)

і (сайедіняет.... уплотняет в Общества)

✭ (гарит.... говарит с Трибуны.... играет на Трубе)
Цы гуна.... защита природы сазнания от инфекции игоизма

Магія Изначальная РИТЦЫ.... МИР

БЫТ вне насилия.... свабода мастера

ДрЕв@ Жізни

1. **Кр**★**шна.** ∆ЕД. Из Ада… аватар@.... прагрес (воля) пульс будущева

2. **Ю**ла вращения. Юга. ЭРа.... сіла (время и места) савершения

3. **Б**ыт Общества. М★Ф. Ум.... БаТьК@.... позітцыя (ришэние задачи)

4. **В**ишну. Душа. ВРЕМя.... Вечный двигатель
   Писочные часы Мастера.... участие и интервал паступка

5. **А**сура. Пламя интелекта. СаЙ@я. Желание.... карона Солнца

6. **Х**рибет. ФЕЛь. Система звука.... смерть с дастоинствами (сілекцыя)

7. **Т**ела. Маяк. ФаР@.... Цвет + звук + свет.... информатцыя

8. **а**гонь Слова. Любовь. К@........ тварительный пр(а-о)цэс звука
   Матритца.... Ка(он)цэпт (ткань) быта

9. **я**йцо Имя. Й@я.... Одежда (места в обществе)
   изделие из ткани быта

10. . ДНК@.... ДОГ.... «Дом Общества по Графику»
    Эволютцыя.... интелектуальна(5/3)мужественный дізайн тела

11. **Щ**ука. Окружающая среда. М★ .... атмасфера (МаГ★я)

12. **У**ниверситет Мастера. РОГ.... Трибуна рука-водителя и таланта

13. **Р**адий@ятцыя любви. Й@яГа.... система патдержания огня

14. **@**гний. ЙОГа.... працес роста и (сама)выражения

15. **∆**ар Время. Святая Русь. БОГ.... «Быт Общества в Гармонии»

16. **З**вук. РЕМ. Цыв★лізатцыя.... (труд, наука, спорт, культура)

KaЛKi ✴ аватара.... Благая Весть Неба

17. **Единства.** МЁД. Талант.... Калега(5/3)гениальность Й@я

18. **Дом.** Рафинат быта. Кніга. Откравение.... Любовь ва слове

19. **Напряжение.** Труд. Мастер.... Дар

20. **I**(на)стран(5/3)ный язык. НіТь БОГа.... биседа.... сон.... Вече

21. **Центр.** МаЙ@я.... Илюзия Космаса. Завеса Время

22. **Электричества.** ВЕРа.... амрита. Эсенцыя труда

23. **ПР**инТЦЫП. РОЛь. Pilot Wave. Судьба.... акт на сцене Время

24. **Ь** Мяхкасть действия. М✴М.... зеркальнае отражение

25. **?** ✴ Интуитцыя. Ответы на вапросы.... М✴Г васприятия

26. **Ч**истата калебания (пульсатцыя) цвета ва звуке. СОЛо.... дела

27. **И**нітцыатива. Міл@сть. М✴Ла.... путь.... питание.... Имя

28. **Флора.** STOP кран. Органичение.... среда (лес) быта

29. **:** ФаКТ. П(о-а)лярнасть взгл(ят)да. Ка(он)флікт. Саревнование

30. **Ё**(ма)Ё. ЛаЙ@я.... Мечта о друге

31. **Ж**ізнь. СОД@.... С@знание. (Взаима)действие. Связь природы

32. ✴ РИТЦЫ. Релігія Изначальная Труда мастера. Цы гуна
    Защита природы сазнания от инфекции игоизма.... М✴Р

33. **М**ысль. Все-Общий Савет МИР@.... Баб(уш)К@.... БОС. Баб@Джы

34. **Ы** Твердае акончание. СіЛа быть. Дхарма.... Обьединение

35. **Шри**.... Святый.... скрытый внутри. РаЙ. Удовлетварение желаний

36. **,** препяцтвие (ошибка) на пути.... яД время.... рипетитцыя

80

37. **Й@янь(ин)ства. СОЛь....** Единства через выпадение в @садок

38. **.... РЕЧь....** река признания. Взглят.... Точка зрения.... гранітца

39. **Свабода. СОК....** Истіна.... Эсенцыя Время

40. **Лёд....** хол@Δ.... гол@Δ.... лёхкасть.... ЭФ✡Р Космаса

41. **Общества. РУКi ✡ Мастера....** Власть

42. **Гармония....** (5/3).... Спорт битва. М✡Т.... школа ритцы

43. **№ Цифра. Люцифер....** ГАД.... «Гармония?.... АД»

44. **↳ З✡Г. Знак. Буква....** шрам.... память

45. **✸** Кала(врат). РЭΔ. Фашизм учителя. Варота (дверь) Время

46. **1** СУРЫ. Летучий К@РаБль.... Светлае Будущее

47. **2** Δ@О. Гармония быта.... аксилірат+Цы=Й@я

48. **3** @шрам. Исцыление ран.... Быт с Мастерам

49. **4** ЛаΔ@.... Красата природы. Одежда Время

50. **5** ФаЙ@я.... @томнае (интелектуальнае) пламя сжатия

51. **6** УМ. Наполненнасть. Галограмма.... Словарный запас

52. **7** Δхарм@.... Предназначение.... (обще)чел@веческая задача

53. **8** СоТы. Калега(5/3)гениальность быта.... дружба

54. **9** ТЫ. Друг.... труд Мастера.... прагрес Общества

55. **0** яМ@.... Месир Воланд. Смерть.... БОГ@тварение природы

56. + ЖЭНа.... подруга. Храбрасть.... бхакта.... электра станцыя

57. – СiТа.... выбор. Отказ от двойственности.... Руский народ

58. ∞ ФаЗ@.... Н@РаЙяна. Δ@РК Энерджы ✷.... Энергия слова

59. «» ФаТ. Жир.... К@Лi(стирол).... Р@Б ЛаМПЫ. УМ ЦЫ ТаТ

60. * Δ@РК Мэта.... Материя Тьмы. МаТь МИР@.... снежинка

61. 5/3 Δ@Та.... колΔ фюжин. Хол@Δ пламя.... ✷ Интелект

62. = КРИСТаЛ. Целае.... ВаТ ОМ СаТ Й@я УМ ЦЫ ТаТ

63. ! ЛаК. М✷Г удачи.... счаслівый случай. Ваплащение Таланта

64. ( ) ЛаТЫ. ФаЙл.... Семя ✷ Имя.... Мечта о Будущем

Читайте далее Кнігу ритцы

Cold War against Evil (in English)

Volume 1: Sacrifice of the White Horse
Volume 2: Republic of the Masters
Volume 3: Life in Freedom
Volume 4: Northern Imperia for Peace
Volume 5: University for GOD

РИТЦЫ.... Релігия Изначальная Труда Мастера. Цы гуна

Университет БОГа и Мастера
Маг✹я ритцы.... Искуства БОЙ@я

Электрический Круг сущнасти огня
Р@Б ЛаМПЫ.... «ТаЙ О ДЭ Δзынь»
Наука Будущева

ΔрЕв@ Жізни.... Талковый Словарь
РЕМарка Мастера

БОГу и солнцу!

Быту
Общества в
Гармонии

Мальчишу Кібальчишу

Народу Рускаму!

Юнным бойцам за свабоду мастера

Посвящается

www.ingramcontent.com/pod-product-compliance
Lightning Source LLC
Chambersburg PA
CBHW071018040426
42443CB00007B/842